Ein
unbeschriebenes Blatt

Ein Gedichtband
über das Leben

Simone Reimann
Ein unbeschriebenes Blatt
Ein Gedichtband über das Leben

© 2017
Herstellung und Verlag: BoD – Books on Demand, Norderstedt.
ISBN: 9783848214075

Für dich.

Inhalt

4

Liebesgedicht

Das hier
ist ein Liebesgedicht.
Es geht um Liebe und
nicht einfach
um Nichts.
Das hier
ist ein Liebesgedicht,
indem ich
"Ich liebe dich"
erkläre.
Das hier ist ein Liebesgedicht,
ohne Gedicht.
Das hier ist ein Liebesgedicht,
indem ich,
ja ich,
so klein und
unbedeutend ich auch sein mag,
Dir,
ja genau dir,
einfach mal sage,
dass
Ich dich liebe,
in einem Gedicht.
Ich liebe dich,
ohne ein aber
und
ohne zu fragen warum.
Ich möchte dir in diesem Gedicht
einfach nur sagen,
dass
ich dich nicht
liebe,
weil du der und der bist.
Ich liebe dich nicht da und dafür.
Ich will dir einfach nur sagen,
dass ich,
ja ich,
genau dich,
wirklich genau dich,
einfach so liebe
ohne aber
und
ohne zu fragen warum.
Das hier war ein Liebesgedicht

ohne Gedicht,
aber mit viel
Liebe.
Also frag nicht nach dem „Warum" und
füg kein „, aber" hinzu.
Nimm das an
ohne „, aber"
und ohne zu fragen
"Warum?"

Das Leben

Was wäre, wenn ich dir sage,
dass ich dich betrogen habe?
Was wäre, wenn ich dir sage,
dass ich dich angelogen habe?
Was wäre, wenn ich dir sage,
dass ich mich frage,
wo das alles hinführt?
Dass ich mich frage,
wer ich bin,
dass ich mich frage,
wer du bist?
Dass ich mich frage,
wer wir sind?
Was wäre, wenn ich dir sage,
dass ich eben genau diese
Gedanken habe?
Dass ich diese Dinge
in meinen Gedanken
schon tausendmal
gemacht habe.
Was wäre, wenn ich dir sage,
dass ich mich nicht kontrollieren kann?
Ich glaube, das habe ich nicht gewollt.
Ich glaube, das hast du nicht verdient.
Ich glaube, das hat keiner verdient.
Ich glaube jeder Mensch
hat vollkommene Hingabe
verdient,
hat vollkommene Liebe
verdient.
Was aber, wenn ich dir sage,
dass das nicht geht?
Dass es nicht machbar ist dieses
„piep piep piep, wir ham uns alle lieb."
Was wenn ich dir sage, dass ich es nicht wage
das Richtige zu tun,
weil ich
eben so
nicht bin,
weil ich eben das
nicht kann,
weil ich eben alles
falsch mache,
und immer wieder falle,

und immer wieder aufstehen muss.
Und wenn ich auch noch so viele Wunden hab:
liegen bleiben gilt nicht.
Aufstehen alleine
ist aber schwer.
Was aber, wenn ich dir sage,
dass mir,
dass dir
dass eben uns,
die wir da alle gemeinsam
einsam liegen
geholfen wird,
denn
wenn einer oben ist,
und wenn er noch so viele Wunden hat,
wird er dir aufhelfen,
weil wir alle im selben Boot sitzen,
weil keiner perfekt ist,
weil wir alle am Boden liegen,
weil wir alle lernen müssen
aufzustehen
gemeinsam.
Weil alleine,
ist einsam.
Weil alleine
geht nicht.
Weil alleine
ist nicht machbar.
Weil wir akzeptieren müssen,
dass
keiner perfekt ist,
aber jeder
eine immer wiederkehrende
neue Chance
verdient hat
perfekt zu sein.

Das Wesen des Menschen

Es ist doch immer dasselbe:
Hoch
Tief
Hoch
Tief
Es ist doch immer dasselbe:
Alles gewinnen wollen,
nichts dafür geben wollen.
Es ist doch immer dasselbe:
Tagein
Tagaus
Es ist doch immer dasselbe:
Du bist überfordert mit der Welt.
Du willst alles haben,
Erfolg, Macht, Liebe, Geld.
Es ist doch immer dasselbe:
Du willst geliebt werden,
ohne zu lieben.
Es ist doch immer dasselbe:
Du brauchst
das nicht.
Es ist doch immer dasselbe:
Der Mensch will gewinnen
und der Mensch ist faul.
Es ist doch immer dasselbe.
Doch auch wenn
die Natur des Menschen gleich
bleibt,
auch wenn
der Mensch sein Wesen
nicht verändern kann,
muss es doch nicht immer
dasselbe sein?
Tagein,
tagaus
dieselben Dinge,
dieselben Menschen,
derselbe Mensch.
Tagein,
tagaus
kämpfen
mit dir,
kämpfen
mit deinem Wesen.

Es ist doch immer dasselbe:
Immer dieser Kampf,
immer dieser Mensch,
immer, immer, immer, immer, immer, immer
dasselbe, derselbe.
Es ist doch nicht immer dasselbe:
Jeder Kampf macht dich stärker,
jede Begegnung macht dich härter,
jeder Tag macht dich
anders.
Jeden Tag veränderst du dich.
Siehst du es
nicht?
Auch wenn
die Natur des Menschen gleichbleibt,
auch wenn
du denkst, es ist immer, immer, immer, immer dasselbe,
Mach die Augen auf!
Nie siehst du denselben Sternenhimmel,
nie siehst du dieselbe Wolke,
nie siehst du dieselbe Blume,
nie siehst du dieselbe Mücke,
nie siehst du denselben Menschen
in dir.
Du veränderst dich.
(Es ist immer dasselbe,
weil es ein Platzhalter für
Gott ist.
Er ist immer derselbe,
immer, immer, immer, immer.
Verwechsle ihn nicht
mit dir.
Verwechsle ihn nicht mit deiner Sicht,
mit deiner eingeschränkten
„Es ist immer dasselbe"-Sicht.
Du bist veränderbar.
Da ist noch Hoffnung,
weil dein Fundament
gleichbleibt.
Im Sturm des Alltags weißt du,
es ist immer dasselbe,
weil er immer derselbe ist.)

„Und was kommt dann?
Wie lautet der Titel,
vom nächsten Kapitel?
Und was kommt dann?"
-Sportfreunde Stiller-
Was glaubst du,
was morgen ist?
Und was glaubst du,
was war?
Und was glaubst du,
wie alles entstanden ist?
Und was glaubst du,
wie alles enden wird?
Wie lautet der Titel,
vom nächsten Kapitel?
Denn was war
war nichts als Mist,
war nichts als Lüge,
war aber auch nichts als
wunderschön,
war nichts als
genauso richtig,
wie es war,
weil ja ohne den Urknall auch nicht
das rausgekommen wäre,
was hier ist.
Weil ja nicht durch das Wort,
das Fleisch entstanden wäre,
das dich erlöst hat,
weil du ja geboren wurdest,
weil ja, ja eben
Bienen und Blümchen
und …
Ich denke,
wir wissen nicht,
was morgen ist.
Und ich denke,
wir dürfen nicht wissen,
was morgen ist.
Und ich denke,
wir müssen,
können,
dürfen,
wollen,

sollen
Nicht-Wissen,
sondern
glauben
und vertrauen
und hoffen,
auf den Einen,
der da war,
der da ist
und der da sein wird.
Und der Titel
vom nächsten Kapitel lautet:
Versuch nicht dein Leben in eine Überschrift zu
pressen!
Versuch zu leben,
versuch zu lieben,
versuch zu glauben,
an den Einen,
dessen Kapitel für dich lautet:
Ein neuer Moment mit meinem geliebten Kind.

Die Auswirkungen der Vergangenheit

Wenn ich immer nur
nach hinten seh,
fall ich um.
Wenn ich immer nur
nach hinten seh,
stolper ich nur rum.
Wenn ich immer nur nach hinten seh,
wie will ich dann
nach vorne schauen?
Wenn ich einmal nach hinten seh,
tut mir das nicht weh.
Wenn ich einmal nach vorne schau
und seh,
was vor mir liegt
und wenn ich einmal nach hinten schau
und seh,
was hinter mir liegt,
ist vorne nicht mehr fern,
sondern vorne ist
jetzt.
Aber wenn ich immer wieder
von jetzt an nur noch nach hinten seh,
dann
-aua.

Weihnachten

Es war wie jedes Jahr am Weihnachtsmorgen,
Mutti voller Sorgen,
dass das Essen nicht reicht
oder sich ein wenig Dreck einschleicht.
Vati war entspannt wie immer,
Mutti macht`s schon!
Schlimmer wird's eh nimmer.
Doch was ist das Fest ohne Kinder?
Kinder, die voller Vorfreude sind,
Kinder, die egal wie alt sie auch sind,
einfach nur glücklich über die Geschenke sind.
Der Gang in die Kirche,
der Einstieg ins Fest,
ein gutes Abendessen,
der Tag ist perfekt.
Dies ist die Wunschvorstellung jedes gelungenen
Weihnachtsfests.
Doch was ist mit den kleinen Disputen, den kleinen
Necks?
Normalerweise, verläuft das Weihnachtsfest,
ähnlich wie die Cosinus Kurve,
erst hoch, dann tief, dann hoch, dann tief,
ein auf und ab,
Ausgang unbekannt.
Was aber wenn der Ausgang wählbar ist?
Was aber, wenn wir uns entscheiden könnten, wie das
Fest verläuft?
Es ist möglich, weil wir wissen, dass es bei allen so
ist.
Wie ist das erste Weihnachten verlaufen?
Das Original?
Cosinus Kurve:
Maria war glücklich: Sie war verlobt.
Maria war traurig. Es kam ein Engel, der ihr sagte sie
sei schwanger, aber nicht von Joseph.
Wird sie alles verlieren?
Ausgang unbekannt.
Marias Laune stieg, als sie hörte, sie wird den Retter
gebieren und Gott sei mit ihr.
Joseph war am Tiefpunkt. Er wollte seine Verlobung
lösen, weil er dachte Maria habe ihn betrogen.
Joseph freute sich als er hörte: Das Kind ist gezeugt
vom heiligen Geist und er wird „Sohn des Höchsten"
genannt werden und regieren bis in alle Ewigkeit.

Nächstes Tief: Sie mussten aus ihrer Heimat weg. Sie fanden keine Unterkunft. Sie mussten ihr Kind, den Retter, in einem Stall zur Welt bringen, gleich neben den Tieren:
Was für ein Empfang. So stellt man sich doch die ideale Geburt seines Kindes vor.
Und gleich wieder ein Hoch: Das Baby war gesund, und es kamen Sterndeuter, die dem Kind die wertvollsten Gaben schenkten, die es zur damaligen Zeit gab.
Was für ein Empfang, was für ein Wunder!
Das Leben dieses Kindes war auch alles andere als einfach, die Hochs und Tiefs zogen sich durch sein Leben.
Wie war der Ausgang:
Tief: Er starb den schändlichsten Tod:
Er wurde gekreuzigt.
Hoch:
Er ist wieder auferstanden!
Er hat gesiegt!
Er kam, er sah und er siegte!
Ausgang also nicht unbekannt:
Ausgang: Sieg! Positiv.
Das war das erste Weihnachten.
Können eure Weihnachtsprobleme da mithalten?
Diese Geschichte ist der Grund warum wir Weihnachten feiern.
Es ist das Fest der Liebe.
Warum?
Weil Gott, weil Jesus, der da auf die Welt kam die Liebe ist.
Es ist das Fest der Familie.
Warum?
Weil Gott unsere Familie ist.
Es ist das Fest der Gemeinschaft.
Warum?
Weil Gott genau deshalb in Jesus kam um mit uns Gemeinschaft zu haben.
Feier das Fest der Liebe.
Nichts auf der Welt ist so groß, als dass es ein Grund ist, diese Botschaft nicht zu verkündigen, dieses Fest nicht zu feiern, den Geburtstag Jesu nicht zu feiern.
And because Jesus is great - Let`s celebrate!

Du und ich

Ich liege hier
und
Du fehlst mir.
Und ich liege hier
und ich hör Geräusche hier,
aber dich
nicht.
Und ich liege hier
und ich
bete.
Und ich liege hier
und ich habe das Gefühl,
alles dreht sich
Und ich liege hier
und ich bewege mich,
dabei ist das doch paradox, weil ich doch
liege.
Und ich liege hier
und die Welt ist im Stillstand und dreht sich doch weiter
und du bist im Stillstand und atmest doch weiter.
Und da ist immer ein zugleich sein und nicht sein.
Und da ist immer ein zugleich dies und zugleich das.
Und woher kommt das?
Wer ist er, sie, es?
Wer ist dieser, diese, dieses Kraft?
Was treibt dich an?
Was spornt dich an?
zugleich das Eine und das Andere zu tun,
zugleich zu denken und zu liegen,
zugleich zu beten und zu lügen,
zugleich zu träumen und zu leben,
zugleich zu versprechen und zu brechen,
zugleich zu schlagen und zu streicheln,
zugleich zu leben und zu sterben,
zugleich das Eine und das Andere.
Du bist zur selben Zeit der Eine und der Andere.
Du bist so wandelbar,
wie
wunderbar.
Du und ich,
wir sind
zugleich der Eine und der Andere.
Du und ich,
wir sind zugleich bewegt und unbewegt vom selben,

vom Einzigartigen.
Du und ich,
wir sind gleich.
Wir sind gleich
Gott.

Liebe Mama,
ich weiß nicht, warum
und ich weiß nicht, wie
ich es dir sagen soll,
ich es dir sagen kann.
Dir nur zu danken,
für das,
was von dir kam,
was du mir gabst.
Dir nur zu danken,
nur in Worte zu fassen, was
ich für dich empfinde,
wäre nicht korrekt,
wäre zu wenig,
wäre,
so glaube ich,
nicht angemessen.
Doch womit soll ich dir das ausdrücken?
Was ist das perfekte etwas,
das dir zeigt,
wie sehr ich dich mag,
wie sehr ich von dir verletzt bin,
wie sehr ich jeden Streit bedaure,
wie sehr ich dich schätze,
wie sehr ich dir danke,
wie sehr ich dich liebe?
Was ist es,
was dir zeigt,
dass ich für dich da sein will
als dein Kind,
als deine Freundin,
als deine
dich liebende Tochter?
Wie drücke ich es aus.
Kann ich es in Worte fassen?
Kann ich es mit einer Tat beschreiben?
Kann ich es dir irgendwie beweisen?
Ich weiß nicht, wie
und ich weiß nicht, warum.
Aber zu sagen,
dass ich dir dankbar bin
bleibt letztlich
der einzige Weg
für mich

das Gefühl
für dich zu beschreiben.

Gefangen

Wir sind die Mittelwegsgesellchaft,
die den Mittelweg schafft.
Die zwischen zwei Extremen
die extreme Mitte wählt.
Und darum
schreien wir nach Individualität,
wollen aber doch,
dass alle gleich sind.
Wir schreien nach Pluralität,
wollen aber doch,
dass sich jeder angleicht.
Wir sind die Gleichmachergesellschaft,
die alle gleich macht.
Die jedes Extrem scheut,
in der Extreme nicht mehr existieren,
weil alles extrem ist,
weil alle extrem sind,
weil Extrem
normal ist.
Wenn früher jemand gesagt hätte
„Ich spanne ein Netz um die Erde",
wäre er extrem gewesen.
Heute
sind wir alle unter diesem Netz.
Wir sind alle extrem.
Wir sind alle gleich.
Wir sind alle normal-
Das Individuum ist individuell
in einer pluralen Welt,
in der Subjektivität objektiv wird.
Und wir rennen
und wir rennen
und wir rennen
irgendwelchen Idealen,
irgendwelchen Meinungen,
irgendwelchen Leuten hinterher.
Und wenn wir aufhören
zu rennen,
wenn wir laufen,
wenn wir gehen,
fällt uns so viel wieder auf,
fällt uns das Individuelle auf,
das Schöne,
das Einzigartige Unter dem Netz.

Party

Party hart zu Hause.
Wein gleich 2.
Dann ab in den Pub
und Party hoch 3.
Dann willst du in nen Club
und zahlst Eintritt hoch 4.
Ne sorry:
aber dafür bin ich nicht hier.
Feiern für so viel Geld?
Sorry was is das für ne Welt?
In der die Musik so viel kostet?
In der Spaß deine Ersparnisse frisst?
In der du Nach einer Nacht
vom Müllkontainer isst?
Was is das für ne Welt,
in der der Moment mehr zählt? In Der das „ich komm in den
coolen Club für viel Geld"
mehr zählt,
als das Herz in deiner Brust?
In der deine Freundin für Lug und Betrug reinkommt
und du ehrlich bist
und dir denkst:
echt Jetz?
Sorry,
aber was Is das für ne Welt?
Du hast kein Geld?
Also auch keinen Spaß?
Ne.
Echt nicht.
Das was mich hält,
das was für mich zählt,
ist nicht das Geld.
Ist nicht das
nach außen was sein.
Sondern ist das,
was innen ist.
Denn innen im Club,
sind die Privilegierten,
aber innen,
in meinem Herzen
sind alle,
die nichts zählen,
die nichts zahlen.
Die ohne Geld,

die mit viel Liebe,
die mit viel Herz.
Die, alle Die,
die nicht in den Club kommen.
Ich will euch sagen,
in meinem,
seid ihr drin.

Warum?

Warum glaubst du nicht,
dass sie Welt zerbricht?
Warum denkst du nicht
auch mal an dich?
Ach halt,
nein,
wir
denken ja zu viel
an uns.
Warum sind wir Egoisten,
die nicht wüssten,
was den anderen passiert,
wenn ihnen etwas passiert?
Was den Menschen geschieht,
die wir einst liebten,
bevor wir uns entschieden,
uns selbst zu sehr zu lieben.
Warum denkst du,
ereignen sich diese Dinge
in der Welt,
von der wir dachten,
wir könnten sie besser machen?
Warum denkst du,
jemand liebt dich,
warum denkst du,
jemand denkt an dich,
wenn du nicht selbst
auch mal an jemand anderen denkst,
wenn du dich nicht selbst liebst?
Warum stellst du so viele Fragen?
Warum kannst du es nicht wagen,
auch mal Nein zu sagen?
Nein zu Egoismus,
Nein zu Selbsthass,
Nein zu Verzweiflung,
Nein zu Drogen,
Nein zu Neid?
Einfach Nein.
Einfach mal das Leben einfach machen.
Einfach Nein.
Und Warum?
Jetzt stell ich mal die Fragen!
Und ich sag nicht Nein zum Fragen.
Sag nicht Nein zum Wagen,

Sag nicht Nein zum Glauben
an dich.
Willst du mich?
Ich denke du brauchst mich!
Denn ich liebe dich!
Und ich weiß,
tief in dir liebst du mich auch,
doch es kann nicht raus,
weil da zu viel ist,
was den Weg versperrt,
was an dir zerrt,
was dich wegreißt,
von mir.
Von meiner Liebe zu dir.
Sag
Nein.
Nein zu dem was uns trennt,
von dem der dich kennt.
Ich kenne dich
Und ich liebe dich
Und ich glaube,
dass wir das gemeinsam schaffen.
Gemeinsam zu deinem Kern vordringen,
gemeinsam die Liebe zu finden,
die dich übersteigen wird,
die dich die Welt lieben lassen wird,
die dich erkennen lassen wird,
wer du bist
und wer ich bin.
Ich bin
Dein Vater.
Ich bin
Gott.

Was wäre, wenn...

Was wäre, wenn
du in einem anderen Land geboren wärst?
Was wäre, wenn
alle Menschen blind wären?
Was wäre, wenn
du in einem Ufo leben würdest?
Was wäre, wenn
sich alle Menschen lieben würden?
Was wäre, wenn
das Essen niemals verfällt,
der Mensch aus Zucker bestehen würde,
alles grau wäre,
jeder deine Gedanken hören könnte,
jeder deine Träume sehen könnte,
jeder dein Herz schlagen hören könnte,
du so große Füße hättest, dass du nur noch stolpernd
durchs Leben gehen würdest,
du sündiger wärst,
als du je dachtest,
du niemals scheitern würdest,
alle Tomaten lila wären,
alle eine Sprache hätten,
alles Licht der Welt erlischt,
es kein Lachen mehr gäbe,
es keine Liebe mehr gäbe?
und was wäre wenn ...
Und wir Menschen
machen uns so oft
so viele Gedanken darüber,
was wäre, wenn ...
und was wäre, wenn
es ein Wesen gäbe,
dass keinen Konjunktiv kennt?
Was wäre, wenn du sündiger bist,
als du je dachtest?
Was wäre, wenn du niemals scheitern würdest?
Was wäre, wenn es reine Liebe gäbe?
Was wäre,
wenn ich dir sage,
dass wir mal aufhören könnten mit diesem Konjunktivgequat-
sche,
denn es gibt dieses Wesen,
bei dem kein Konjunktiv existiert.
Es gibt den, der alles möglich macht.

Es gibt den, der dich niemals nicht liebt.
Es gibt den, bei dem dir jede Sünde vergeben ist.
Es gibt den, der dich so sehr liebt, dass er seinen einzi-
gen Sohn für dich gab,
der nicht nur dachte,
was wäre, wenn
ich diese Menschen retten würde.
Nein,
Sein Name ist Gott.
Und sein Sohn ist Jesus.
Er wartet dort am Kreuz.
Also schalt mal die Konjunktivform in deinem Kopf aus
und denk nicht darüber nach,
was wäre, wenn
er mir vergibt?
Denn er vergibt dir
und er liebt dich!
Also geh dahin und sag:
Danke.
Ich glaube dir
und ich liebe dich.

Der Eine

Es ist das Gefühl,
nie genug zu sein.
Es ist das Gefühl,
nie bei jemandem zu zählen.
Es ist das Gefühl,
immer allein zu sein.
Es ist das Gefühl,
sich nur zu quälen.
Es ist immer dieses Gefühl,
jeder vergisst dich,
wenn du dich umdrehst.
Es ist immer dieses Gefühl,
niemand liebt dich
wirklich.
Es ist immer dieses Gefühl,
von anderen
nicht wertgeschätzt zu werden.
Doch wer
sind diese anderen?
Wie soll dich denn ein anderer wertschätzen,
wenn du selber
deinen Wert nicht schätzt?
Wie soll dich denn ein anderer bemerken,
wenn du selber nicht weißt,
wer,
wo,
oder was du bist?
Was dich ausmacht
ist nicht,
was die Andern,
die ominösen Anderen,
von dir halten.
Ist nicht,
was sie über dich sagen,
weil ich dir sage:
es ist nur das Eine,
das zählt.
Es ist nur das Eine,
was dich ausmacht.
Es ist nur der Eine,
der dich kennt
und nie vergisst.
Es ist nur der Eine,
der sieht,

dass es jedem,
jedem anderen
genauso geht,
wie dir.
Es ist nur der Eine,
durch den du dich selbst
lieben kannst.
Es wird nur der Eine sein,
durch den dich die Anderen
lieben können,
weil Fakt ist:
Es ist nur der Eine,
der in dir
und in jedem anderen
derselbe ist.
Es ist nur der Eine,
der in dir
und in jedem anderen
ein unverwechselbares Stück von sich selbst
gelegt hat,
damit er weiß,
wer du bist,
was du bist,
du bist
der Eine
Teil von
dem Einen
Gott.

Der Boden unter unseren Füßen

Wenn ich
am Morgen
aufsteh
und der Boden
unter meinen Füßen
fehlt,
wenn ich
am Abend
wachlieg
und das fehlt,
was mich trägt,
wenn du
am Mittag
rausgehst
und die Sonne
fehlt,
wenn du nachts
heimkommst
und die Erde bebt
und wenn ihr,
ja, wenn wir
nicht vertrauen,
dann wird genau das
passieren.
Wenn ihr,
ja, wenn wir
nicht vertrauen,
worauf sollen wir bauen,
ja, worauf
können wir stehen?

Ihr und euer Glaube

Das ist eine Rede
an alle ohne.
Das ist eine Rede
an alle mit.
Ich will euch eines sagen:
Glaubt nicht,
ihr wärt im Vorteil.
Glaubt nicht,
ihr wärt in der Überzahl.
Glaubt nicht,
ihr wärt,
ach, was ihr glaubt,
ist mir eigentlich egal.
Auch wie
ihr euch verhaltet
juckt mich nicht.
Und, was ihr dazu
zu sagen habt,
muss keinen interessieren.
Ich sag euch jetzt
mal eins:
Ihr glaubt
ihr könntet es?
Ihr glaubt
ihr wüsstet es?
Ihr glaubt
doch nicht im Ernst,
dass ich es euch sage,
worum ich mich plage?
Ihr glaubt
doch nicht im Ernst,
dass ihr
in meinem Kopf
mietfrei
wohnen dürft?
Ihr glaubt
doch nicht im Ernst,
dass euch
euer Glaube
weiterbringt?
Ihr glaubt
doch nicht im Ernst,
dass euer Glaube,
gerade euch,

weiter bringt?
Was ihr glaubt,
ist mir egal,
solange ich
weiß.

Schuldzuweisungen

Ich glaube,
Schuld hat das System.
Ich glaube,
Schuld ist das System.
Ich glaube,
Schuld sind die Menschen,
die das System
gemacht haben.
Ich glaube,
Schuld ist allein
das Wort
„System".
Was ist es
wirklich?
Wer versteht es
wirklich?
Wer steckt in ihm
so richtig
fest?
Ich glaube,
ja, ich weiß nicht,
wer schuld ist,
wer Schuld
daran hat.
Schuld daran,
dass jeder
gefangen ist.
Schuld daran,
dass keiner
frei ist.
Schuld daran,
niemals
auf den Punkt zu kommen,
denn der Punkt ist,
wir
werden es nie
erfahren.
Ein
Wir
existiert
nämlich nicht.
Ein
System
existiert

nämlich nicht.
Das
Ich
existiert.
Das
Ich
quält dich.
Das
Ich
besiegt dich,
nur,
wenn
du
es lässt.

Der Glaube

Wie,
du glaubst,
was sie
über dich
sagen?
Wie,
du glaubst,
was sie
über dich
denken?
Wie,
du glaubst,
was sie
von dir
halten?
Wie jetzt,
du kannst das,
was du
nicht siehst,
glauben?

Perfektion

Wir wollen perfekt sein,
weil wir an Perfektion gewöhnt sind.
Wir wollen nach den Sternen greifen,
weil wir an Helden gewöhnt sind.
Wir wollen Geld,
weil wir an Macht gewöhnt sind.
Wir wollen die Welt käuflich,
weil wir an Luxus gewöhnt sind.
Wir wollen den Tod hinauszögern,
weil wir an das Leben gewöhnt sind.
Wir wollen so viel,
weil wir so viel gewöhnt sind.
Und wir wollen
und wir wollen
und wir wollen
Immer mehr,
weil uns immer mehr
ermöglicht wird,
weil immer mehr verlangt wird,
weil immer mehr erreicht wird,
weil nach immer mehr
gestrebt wird,
weil immer mehr Menschen
immer mehr wollen.
Ist das noch ein Trieb,
oder ist das Egoismus?
Ist das noch freier Wille,
oder Teil
der Evolution geworden?
Das Streben nach immer mehr.
Das Streben nach Unendlichkeit.
Das Streben nach Unsterblichkeit.
Das Streben nach
Macht, Geld, Erfolg, Sex.
Es ist das Streben danach,
so zu sein,
wie keiner je war.
So zu sein,
wie der Mensch nicht ist.
Es ist das Streben nach Veränderung,
das Streben nach Beendigung,
des Einfachen.
Das Streben nach Glück.
Das Streben nach

Gott.
Der Mensch kommt an seine Grenzen,
doch diese versucht er zu verschieben,
doch verschieben heißt nicht aufheben,
denn das wird er nicht.
Das Streben danach,
so zu sein wie Gott,
ist die Sehnsucht nach
Gott
Ist die Sehnsucht nach etwas
in uns
Gott.

Sonnenuntergang

Es ist diese Sommerstimmung.
Die Sonne geht langsam unter.
Das Licht erweckt den Eindruck,
als würde dein Herz zu mir sprechen.
Es ist diese Sommerstimmung.
Die Blätter rauschen.
Ein sanfter Windhauch
geht an mir vorbei.
Es ist dieser Sommerabend,
den du dir schon so lange gewünscht hast.
Es ist diese Stimmung,
die in der Luft liegt.
So viel Arbeit
liegt hinter dir.
So viel gekämpft.
So viel geweint.
So viel gelacht.
So viel gelebt.
So viel geliebt.
Bis zu diesem Sommerabend.
Bis zu dieser Stimmung.
Du wolltest sie einfangen.
Es war der perfekte Tag
dafür.
Es war die perfekte Stimmung
für dich.
So viel gekämpft.
So viel geweint.
So viel gelacht.
So viel gelebt.
So viel geliebt,
bis jetzt.
Es war der perfekte Sommertag.
Es war der perfekte Sommerabend.
Die Sonne geht unter,
aber
sie geht auch wieder auf.

„Wer die Laterne trägt, stolpert leichter, als wer ihr folgt."
-Jean Paul-

Wer das Wasser trägt, verschüttet leichter etwas,
als der,
der es trinkt.
Wer das Kreuz trägt,
trägt mehr,
als der,
der es nur sieht.
Was trägst du?
Egal welches Kreuz,
welchen Eimer,
welche Laterne
du trägst,
es gibt Leute,
die dir folgen.
Es gibt Leute,
die dein Getragenes
verwenden.
Es gibt Leute,
die auf dein zu Tragendes
noch etwas drauflegen.
Es gibt Leute,
die dir Steine
in den Weg legen.
Und manchmal
gibt es auch Leute,
die dir helfen
zu tragen.

Manche Fragen,
müssen offen bleiben!
Nicht,
weil ich nicht will,
sondern,
weil ich nicht kann.
Nicht,
weil ich es nicht akzeptiere,
sondern,
weil ich es nicht weiß.
Nicht-Wissen ist
der Schlüssel zum
Wissen.
Wenn die Fragen
offen bleiben,
wenn ich
akzeptiere,
toleriere,
annehme,
weiß,
dass ich es nicht weiß,
habe ich so viel gewonnen,
so viel verloren,
bin ich so frei
und doch so gefesselt.
Bin durch das Wissen
ein neuer Mensch und
zugleich
der Alte,
der Unwissende,
der Unfähige.

Wer oder was?

Was macht dich aus?
Was glaubst du, kannst du?
Was glaubst du, machst du?
Was glaubst du, bist du?
Was
macht dich aus,
ist hier die Frage.
Wer
macht dich aus?
Wer oder was
sind nicht nur
Worte.
Wer oder was
sind nicht nur Dinge.
Wer oder was
sind nicht nur Menschen.
Wer oder was
bist du selbst?
Wer oder was
soll nicht die Frage sein.
Wer oder was dich ausmacht,
ist nicht nur
wer oder was,
sondern
wie
du mit
wer oder was
umgehst.

Ein Vergleich

Für einige von euch,
bin ich jünger,
für andere
älter.
Für einige von euch,
bin ich klüger,
für andere
dümmer.
An einigen von euch,
wurde ich schuldig,
an anderen
blieb ich frei.
Für einige von euch,
bin ich reicher,
für andere
ärmer.
Im Grunde lässt sich sagen:
Einige von euch
vergleichen sich
mit mir,
andere
nicht.
Im Grunde lässt sich sagen:
Ich
vergleiche mich
mit euch.
Im Grunde lässt sich sagen:
Es gibt keinen Maßstab
des Vergleichs.
Im Grunde lässt sich sagen:
Wir stehen alle
auf demselben Boden,
wir kochen alle
mit demselben Wasser,
wir bestehen alle
aus einem Körper.
Im Grunde lässt sich also sagen:
Wir werden alle
durch dieselben
Augen
der Liebe
gesehen.

Was wirklich zählt

Wieso Angst?
Wieso Angst, die dich lähmt?
Wieso Angst, die dich grämt?
Wieso Angst, die d-ich
schäme mich Dinge zu tun,
weil so viel Angst
mein Herz erfüllt,
weil so viele Dinge
mein Herz erfüllen,
die da nicht hingehören.
Dinge wie
Angst, Scham, Zweifel, Enttäuschung,
Bitterkeit, Rache, ...
Unser Herz
quillt über
mit Dingen, die da nicht hingehören,
Dingen, die jemandem den Platz rauben.
Nämlich Gott.
Gott ist so groß,
eigentlich bräuchte er den Platz in deinem Herzen,
aber du
stopfst es voll mit Dingen, die ihm
den Platz rauben.
Kaufen wir zu kleine Schuhe
für unsere Füße?
Nein.
Also warum
lassen wir einen zu kleinen Platz
in unserem Herzen für
Gott?
Glaubst du nicht
Gott verdient diesen Platz?
Glaubst du nicht,
dir würde es besser gehen,
wenn Gott dich regiert und
glaubst du nicht
an Gott?
Ich glaube
an Gott.
Und ich glaube,
dass es mir besser geht,
wenn er mich regiert, weil er
gut ist.
Weil er das Beste für uns will,

weil er unser Papa ist und
weil er gnädig ist
und weil er
und weil er
dich liebt und
dein König sein will.
Dein König,
über deine Angst,
denn er wird sie aus deinem Herzen stoßen
und sie wird
fallen,
fallen,
fallen,
und
BUMM!
zerschellen am Boden der Tatsachen,
denn Tatsache ist
Gott hat deine Angst schon längst besiegt,
mit Liebe,
Gnade und
Hingabe an
dich.
Ist da also noch Platz für
?

Einsamkeit

Und wenn ich dann allein bin,
ich weiß nicht,
wann ich allein sein werde.
Manchmal
bin ich ganz bewusst
allein.
Manchmal
eher unbewusst.
Ich habe Angst
davor, allein zu sein.
Alleinsein
ist
Zusammensein
mit mir.
Alleinsein
ist so
angenehm.
Alleinsein
ist so
anstrengend.
Alleinsein
ist so
angsteinflößend.
Alleinsein
kann
befreiend
sein.
Alleinsein
kann
beflügelnd
sein.
Alleinsein
sollte
chancenreich
sein.
Alleinsein
bietet
die Chance
zur Versöhnung
mit dir.
Alleinsein,
das Getrenntsein
von der Welt,
bietet die Chance

zur Versöhnung
mit der Welt.
Alleinsein
kann
gemein sein.
Aber
Alleinsein
sollte vielmehr
heilend
sein.

Fragen über Fragen

Gerade heißt es irgendwie
von zu vielen Menschen
Abschied zu nehmen,
als mir lieb ist.
Das Leben ist
so grausam
und doch
so schön
zugleich.
Ich weiß manchmal nicht,
wie ich mich
dazu verhalten soll,
wie ich
dazu stehen soll.
Steh ich auf der einen Seite,
wird die andere übersehen,
steh ich auf der anderen,
lass ich Grundlegendes
außer Acht,
steh ich in der Mitte,
erleb ich beides
nicht intensiv genug.
Wo soll ich stehen?
Wie soll ich mich verhalten?
Soll ich
nicht weiter
darüber nachdenken?
Soll ich
zu einem Ergebnis kommen?
Wo soll ich stehen und
bitte
wie
soll ich mich verhalten?

Niemand

Niemand ist da,
der wartet.
Niemand ist da,
der kommen wird
sich zu sehen.
Niemand ist da gewesen,
dich zu besuchen.
Niemand ist da,
der kommen wird.
Niemand ist da,
der kam.
Niemand
ist da.
Niemand
klingt fast schon,
wie jemand.
Es kommt nur
auf die Vorsilbe an.
Es kommt sowieso nur
auf die Zuschreibung an,
die du einem Wort gibst.
Es kommt nur
auf die Bedeutung an,
die du „Niemand(em)" gibst.
Es kommt nur
auf die Bedeutung an,
die du einer Situation gibst.
Es kommt nur
auf die Sichtweise an,
wie du die Dinge betrachtest.
Es kommt nur
auf dich an
du sonst
auf niemand
anderen.

Mein Glaube

In dieser Welt
sterben Kinder.
In dieser Welt
sterben Eltern
In dieser Welt
sterben
wir alle.
In dieser Welt
gibt es schmerzen.
In dieser Welt
gibt es Missbrauch.
In dieser Welt
leiden
wir alle.
Ich kann nicht sagen
ob es besser wird.
Ich kann nicht sagen
ob es irgendwann
gut wird.
Ich kann es einfach
nicht.
Ich glaube
Gott
hat Diese Welt
besiegt,
den Tod,
das Leid
überstanden.
Ich glaube
Gott
lässt uns nicht um Stich.
Ich glaube
er ist da.
Ich glaube Gott
tut
nichts .
Ich glaube
wir tun,
denn er
Hat getan.
Und das ist
woran ich glaube:
An das,
was war

und an das,
was kommen wird.
Denn ich glaube,
es wird gut,
weil er gut ist.
Und ich glaube,
wir schaffen das,
weil er es überstanden hat
und wir
das auch
können,
wenn wir
glauben.

Bist du nicht ...

Bist du nicht
wie ein Vogel,
getragen vom Wind?
Bist du nicht
wie ein Baum,
fest verwurzelt mit dem Boden?
Bist du nicht
wie ein Haus,
von jeder Seite angreifbar
und einsehbar?
Bist du nicht
wie ein Stein,
geschliffen vom Leben?
Bist du nicht
wie eine Wolke,
ständig veränderbar?
Bist du nicht
wie ein Sandkorn am Strand,
nur eines unter vielen?
Bist du nicht
wie ein Buch,
eine schöne Hülle
und ein spannender Inhalt,
wenn man sich Zeit nimmt,
die ganze Geschichte zu lesen?
Bist du
nicht?
Was bist du dann
nicht?
Du bist,
was du bist.
Ob getragen vom Wind,
oder fest verwurzelt mit dem Boden.
Ob offen wie ein Buch,
oder voller Mauern
wie ein Bunker.
Ob beständig,
oder veränderbar.
Ob einer von vielen,
oder völlig allein.
Du bist,
was du bist,
wie du bist.
Wunderschön.

Unendlich geliebt.
Ein Ebenbild Gottes.
Du bist
perfekt.